mon carnet d'amitié

À compléter avec mes amis !

mercileslivres

Ce carnet appartient à

....

C'est un carnet que je ne partage qu'avec
mes meilleurs amis !
Si tu lis ceci, ça veut dire que tu en fais partie.
Complète-le avec moi et, surtout, amusons-nous !

Mon portrait :

(colle ta photo ici)

Tout sur moi

Je m'appelle ....

Mon surnom, c'est ....

J'habite à ....

◯ Dans une maison.

◯ Dans un appartement.

Mon anniversaire, c'est le ....

J'ai .... ans.

Mon signe astrologique, c'est ....

Je mesure........................cm.

Mes yeux sont....................

Mes cheveux sont..................

Je partage ce carnet avec

Tu t'appelles ....

Ton surnom, c'est ....

Tu habites à ....

○ Dans une maison.

○ Dans un appartement.

Ton anniversaire, c'est le......................................

Tu as .... ans.

Ton signe astrologique, c'est ....

Tu mesures .... cm.

Tes yeux sont ....

Tes cheveux sont ....

(colle ta photo ici)

Je partage ce carnet avec

Tu t'appelles ....

Ton surnom, c'est ....

Tu habites à ....

- ◯ Dans une maison.
- ◯ Dans un appartement.

Ton anniversaire, c'est le..

Tu as .... ans.

Ton signe astrologique, c'est ....

Tu mesures .... cm.

Tes yeux sont ....

Tes cheveux sont ....

(colle ta photo ici)

Je partage ce carnet avec

Tu t'appelles ....

Ton surnom, c'est ....

Tu habites à ....

- ◯ Dans une maison.
- ◯ Dans un appartement.

Ton anniversaire, c'est le..............................

Tu as .... ans.

Ton signe astrologique, c'est ....

Tu mesures .... cm.

Tes yeux sont ....

Tes cheveux sont ....

(colle ta photo ici)

Je partage ce carnet avec

Tu t'appelles ....

Ton surnom, c'est ....

Tu habites à ....

- ○ Dans une maison.
- ○ Dans un appartement.

Ton anniversaire, c'est le.......................................

Tu as .... ans.

Ton signe astrologique, c'est ....

Tu mesures .... cm.

Tes yeux sont ....

Tes cheveux sont ....

(colle ta photo ici)

Écris-moi un petit mot SYMPA

Je trouve que tu es une personne

....

....

....

....

....

....

....

Écris-moi un petit mot

SYMPA

Je trouve que tu es une personne

....

....

....

....

....

....

....

Partageons un moment

Ensemble

Dessine le portrait de ton ami(e) !

Partageons un moment

Ensemble

Dessine le portrait de ton ami(e) !

Partageons un moment

ENSEMBLE

Réalise un origami grenouille !

Matériel

- Des feuilles de papier origami carrées (15 × 15 cm)
- Des yeux autocollants

1) Marque les plis centraux et les diagonales.

2) Plie la feuille de façon à obtenir un triangle aplati, pointe vers le haut.

3) Remonte les pointes extérieures vers le sommet du triangle. Retourne le pliage.

4) Rabats les pointes extérieures vers le bas, puis forme un pli de chaque côté pour ramener les pointes précédemment rabattues vers l'extérieur.

5) Colle les yeux. La grenouille sauteuse est prête !

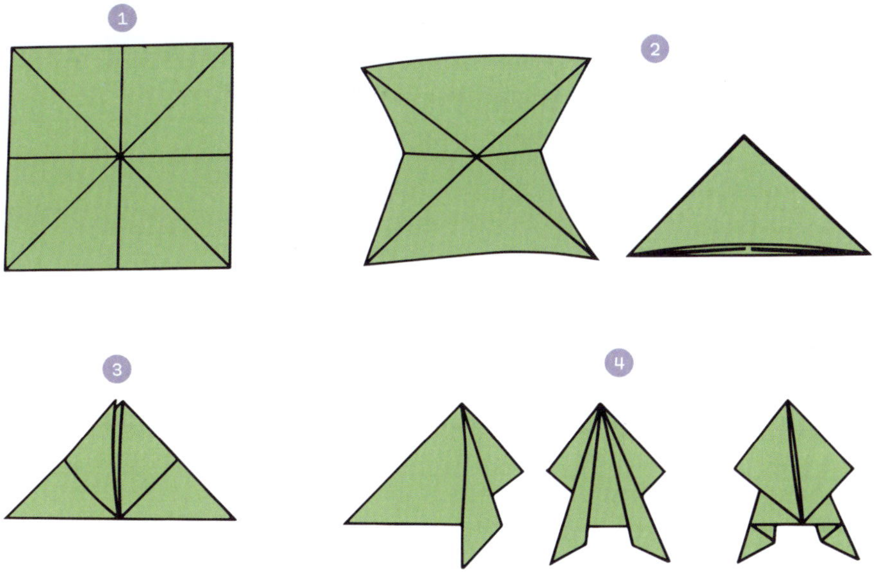

Partageons un moment

Ensemble

Échangez votre livre préféré entre vous et découvrez de nouveaux univers.

Ça peut tout aussi bien être une bande dessinée, un roman, un manga, un conte, etc.

Fabrique ton marque-page !

Matériel

- Des chutes de papier épais de différents coloris (à choisir selon le marque-page souhaité)
- 1 crayon à papier
- 1 paire de ciseaux
- Des crayons de couleur ou des feutres
- 1 cutter

1) Reporte tes formes à la taille désirée sur l'envers des papiers aux coloris adaptés, puis découpe sur le trait.

2) Avec les feutres ou les crayons de couleur, dessine les traits de l'animal sur la silhouette (en suivant les pointillés sur les gabarits).

3) Découpe une languette dans le marque-page afin de pouvoir y glisser la page à laquelle tu es arrivé(e).

⚠ **Ce tuto est à réaliser avec l'aide d'un adulte.**

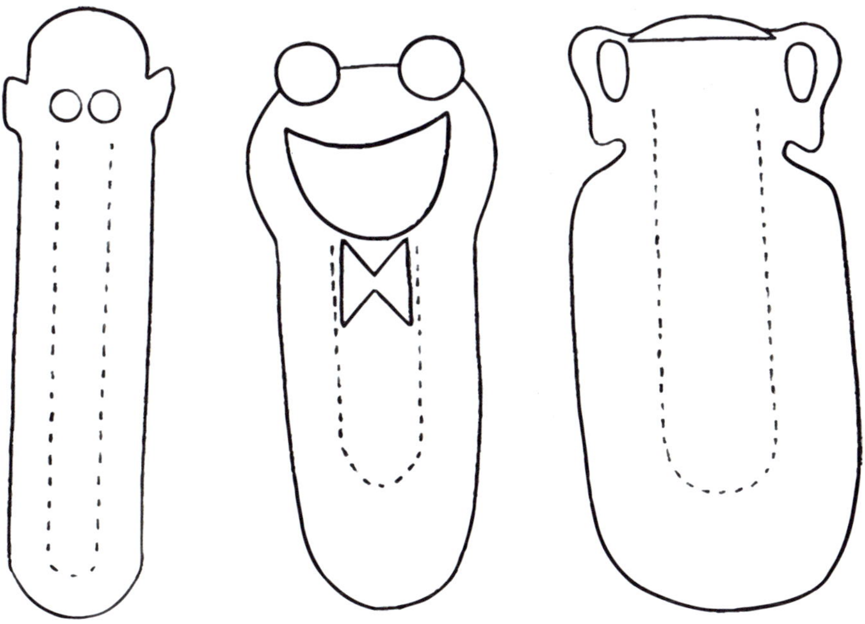

partageons un moment

ENSEMBLE

créé ton bracelet d'amitié brésilien !

Matériel

- 3 couleurs de fils de coton
- 1 paire de ciseaux

1) Coupe les 3 fils pour qu'ils fassent 80 cm chacun.
2) Noue les 3 fils ensemble. Laisse 3 cm d'espace accroché à une table.
3) Prends le fil 1 et noue-le avec le fil 2 (réalise 2 nœuds).
4) Prends le fil 2 et noue-le avec le fil 3 (réalise 2 nœuds).

5) Prends le fil 3 et noue-le avec le fil 1 (réalise 2 nœuds).

6) Répète ces 3 étapes jusqu'à finir le bracelet.

7) Une fois le bracelet fini, vérifie que la longueur correspond bien à ton tour de poignet avant de l'attacher.

8) Fais une tresse aux extrémités de chaque fil avant de faire un double nœud du tout.

⚠ **Ce tuto est à réaliser avec l'aide d'un adulte.**

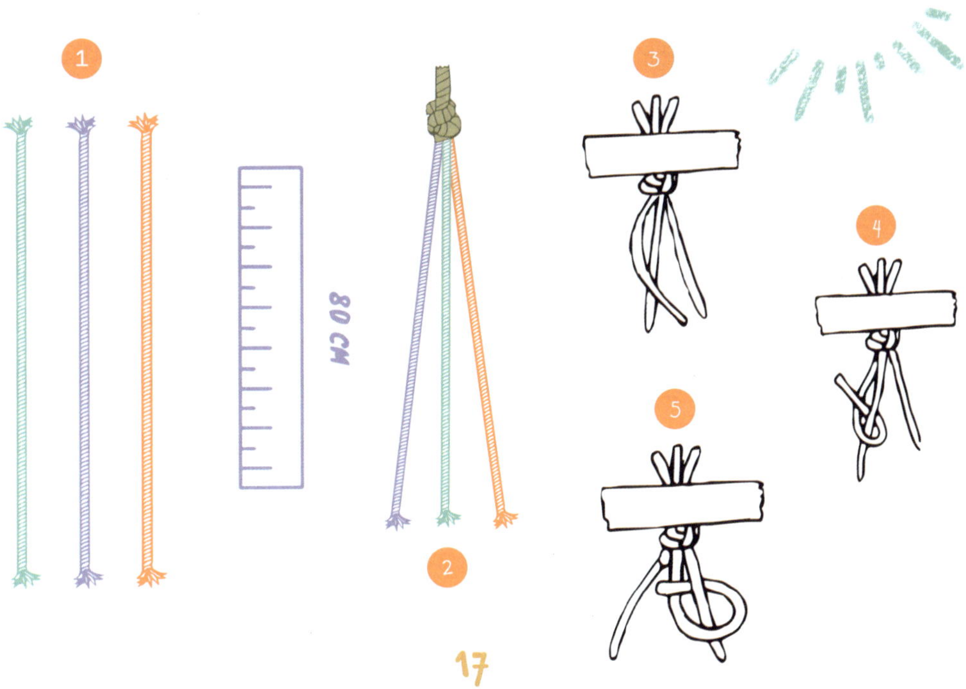

Tu Préfères

Les jeux !

- La marelle **ou** Les billes
- Les jeux vidéo **ou** Les jeux de société
- Le chat perché **ou** 1, 2, 3... soleil
- Saute-mouton **ou** Cache-cache
- La corde à sauter **ou** L'élastique
- Le foot **ou** La balle au prisonnier
- Colin-Maillard **ou** Le sol est de la lave
- Hula-hoop **ou** Jacques a dit
- 3 petits chats **ou** Faire des scoubidous

Mon jeu préféré, c'est

....

et toi, c'est .... car :

....

....

....

....

....

....

Classe 6 jeux dans l'ordre de vos préférences :

1) .... et ....
2) .... et ....
3) .... et ....
4) .... et ....
5) .... et ....
6) .... et ....

L'école

Je suis à l'école de

....

en

....

La matière que je préfère le plus est

....

La matière que j'aime le moins est

....

Ma maîtresse/mon maître s'appelle

....

La sortie scolaire que j'ai
le plus aimée

....

Liste les jeux auxquels tu joues pendant la récréation :

- ○ ....
- ○ ....
- ○ ....
- ○ ....
- ○ ....
- ○ ....
- ○ ....
- ○ ....
- ○ ....
- ○ ....
- ○ ....

Partageons un moment

Ensemble

Réalise ton propre instrument : les maracas !

Matériel

- 2 petites bouteilles en plastique
- Des cailloux
- De la peinture acrylique
- 1 pinceau
- Des décorations : paillettes, gommettes, yeux amovibles, etc.

1) Enlève l'étiquette des bouteilles et retire les résidus de colle dessus.

2) Glisse une poignée de cailloux à l'intérieur de chacune et referme-les à l'aide des bouchons.

3) Applique une première couche de peinture acrylique avec un pinceau sur les bouteilles et laisse sécher.

4) Une fois sec, applique une seconde couche de peinture acrylique sur la surface des bouteilles.

5) Dès que le tout est sec, décore tes maracas comme tu veux !

Partageons un moment

ENSEMBLE

Invente et raconte une histoire !

Matériel

- 1 feuille de papier blanc épais
- Des feutres
- 1 paire de ciseaux
- 1 bâton de colle

1) Reproduis le gabarit du dé 3 fois sur la feuille avec des feutres.

2) Dessine les symboles que tu veux sur chaque face des dés en prenant exemple sur les dés proposés.

3) Découpe et assemble les feuilles en collant les languettes les plus proches ensemble jusqu'à obtenir des dés.

4) Lance les dés et vois quelles histoires tu peux inventer !

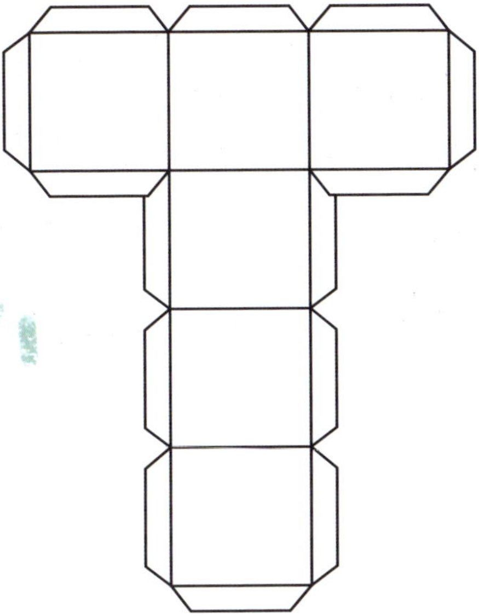

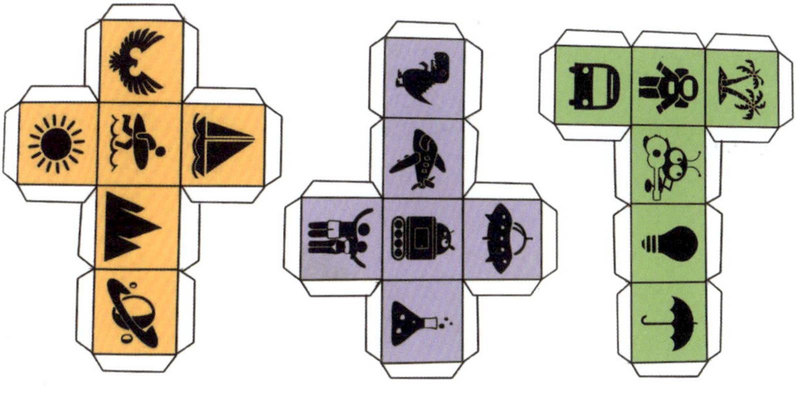

⚠ **Ce tuto est à réaliser avec l'aide d'un adulte.**

partageons un moment

ENSEMBLE

chasse les couleurs !

Chacun choisit une couleur et écrit le nom de tout ce qui est de cette couleur autour de lui : celui qui a le plus de noms a gagné.

Couleur :

Ce que tu vois :

- o
- o
- o
- o
- o

Couleur :

Ce que tu vois :

- o
- o
- o
- o
- o

S'il ne fait pas beau dehors, tu peux aussi chasser les couleurs ici !

partageons un moment

ENSEMBLE

Scoubidou en carré !

Matériel

- 2 fils de scoubidou de différentes couleurs
- 1 paire de ciseaux
- 1 briquet

1) Plie 2 fils en deux et noue-les ensemble afin d'obtenir 4 fils.
2) Place les 4 fils en croix de sorte que la même couleur se retrouve face à l'autre.
3) Fait 2 ponts avec les fils du haut et du bas (de la même couleur) et maintiens-les avec ton pouce.

4) Passe le 3e fil par-dessus le 1er pont, et insère-le dans le 1er pont, vers la gauche.

5) Passe le 4e fil par-dessus le 2e pont et insère-le dans le 2e pont, vers la gauche.

6) Tire en tenant 2 fils d'une main et les 2 autres de l'autre. On voit le quadrillage apparaître.

7) Répète les étapes 2 à 6 jusqu'à ne plus avoir assez de fils pour continuer.

8) Coupe les extrémités des fils

9) Demande à un adulte de brûler chaque bout à l'aide du briquet pour souder le scoubidou.

⚠ **Ce tuto est à réaliser avec l'aide d'un adulte.**

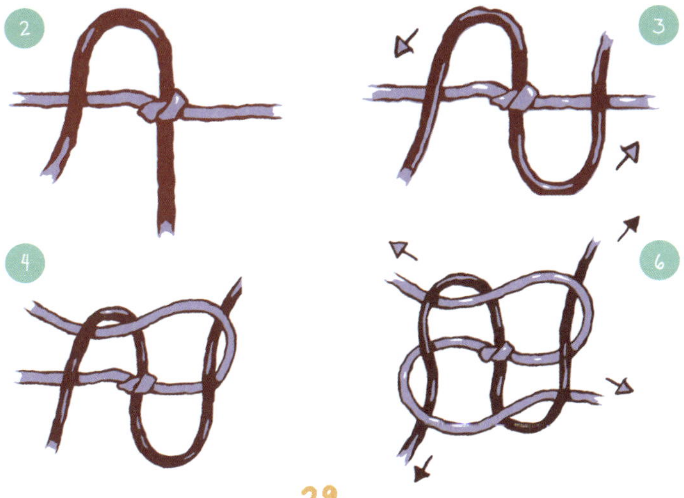

Partageons un moment ensemble

Réalise ta propre pâte à modeler !

Matériel

- 1 tasse de fécule de maïs
- ½ tasse de colle blanche liquide
- Des colorants alimentaires
- 1 récipient

1) Mélange 1 tasse de fécule de maïs et une
½ tasse de colle blanche liquide.

2) Ajoute le colorant de ton choix pour colorer
la pâte obtenue.

3) Mélange le tout avec de la farine.

4) Remue bien jusqu'à ce que la pâte forme une
boule uniforme.

⚠ **Cette pâte est compacte et demande de la force pour être manipulée. Et elle ne se mange pas !**

Pour conserver la pâte à modeler pendant plusieurs mois, range-la dans une boîte hermétique. Si elle est sèche, il suffit de l'humidifier et de la pétrir un peu. Si elle colle, ajoute de la fécule de maïs.

partageons un moment ENSEMBLE

Maintenant que tu as de la pâte à modeler faite maison, reproduis une (ou plusieurs) des formes ci-dessous et amuse-toi !

- ◯ Une fleur
- ◯ Une maison
- ◯ Une clef
- ◯ Une étoile
- ◯ Un cœur
- ◯ Une feuille
- ◯ Un escargot
- ◯ Une pomme
- ◯ Un donut
- ◯ Des lunettes

Approche... Plus près ! Je vais te confier un secret...

Pour ouvrir cette fenêtre, découpe les pointillés en haut et en bas pour ensuite la découper au centre. Tu peux ouvrir la fenêtre en deux !

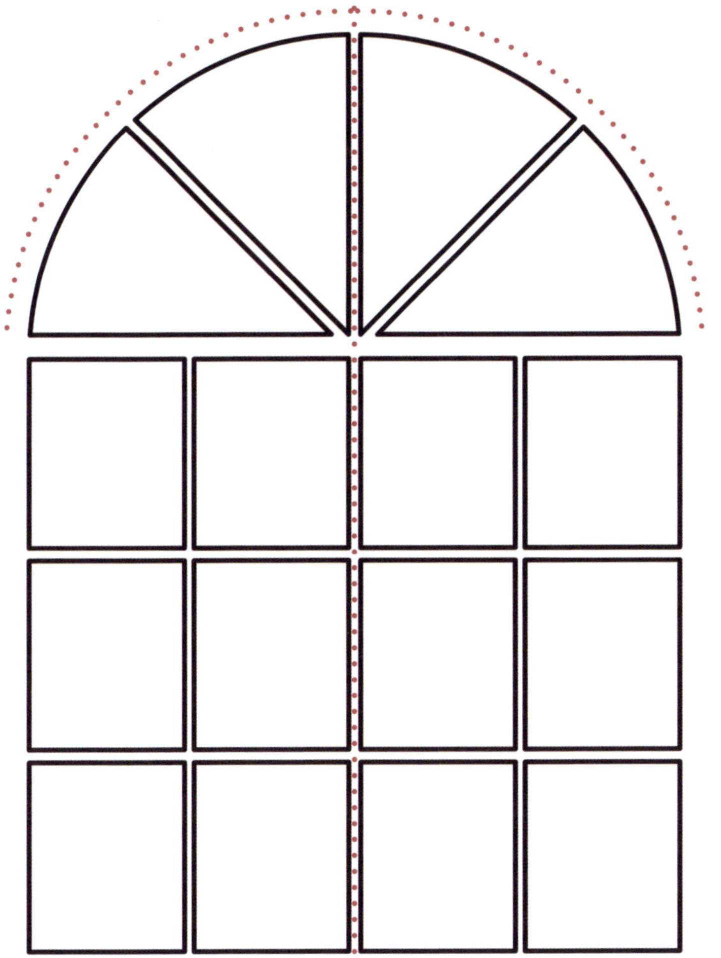

Colle la page 35 sur celle-ci pour que vos secrets soient visibles
que lorsque la fenêtre de la page précédente est ouverte

Ici, échange ton secret le plus secret avec tes amis !

partageons un moment

ENSEMBLE

Réalise un origami renard !

Matériel

- Des feuilles de papier origami carrées (15 × 15 cm)
- 1 feutre noir

1) Marque le pli de la diagonale.
2) Plie la feuille dans l'autre diagonale.
3) Rabats les angles de la base sur l'angle du milieu.
4) Plie ce petit carré dans le sens de l'ouverture pour obtenir un triangle.
5) Reprends le côté prêt à s'ouvrir et plie-le. Attention, ne prends que la 1re des 3 épaisseurs.

6) Prends la 2e épaisseur et rabats la pointe au milieu.

7) Plie légèrement la queue de ton renard et dessine-lui un museau et des yeux.

partageons un moment

ENSEMBLE

Dessine la maison de tes rêves !

Partageons un moment

Ensemble

Dessine la maison de tes rêves !

Tu Préfères

Les créatures fantastiques

- Licorne **ou** Dragon
- Sirène **ou** Elfe
- Loup-garou **ou** Vampire
- Fée **ou** Sorcier
- Cyclope **ou** Zombie
- Ogre **ou** Yéti
- Ange **ou** Démon
- Gobelin **ou** Géant
- Phénix **ou** Pégase

Ma créature fantastique préférée, c'est

....

et toi, c'est .... car :

....

....

....

....

....

Si tu pouvais te transformer en une créature fantastique, ce serait

....

parce que

....

....

....

....

....

L'ÉCOLE

Décris ta classe :

Dessine ta salle de classe :

Partageons un moment

Ensemble

Cherche et trouve ces éléments et dessine-les dans ton carnet !

- Un arbre
- Un banc
- Une marelle
- Une maison
- Une corde à sauter
- Un chien
- Une chaise
- Le soleil
- Un livre
- Un nuage
- Un cartable
- Un crayon à papier
- Un ballon
- Un vélo

Place au dessin !

Partageons un moment

Ensemble

Dessine ta famille !

Partageons un moment

Ensemble

Dessine ta famille !

partageons un moment

ENSEMBLE

Réalise un masque de super-héros !

Matériel

- Des feuilles de papier coloré épais
- 1 feuille de papier blanc
- 1 crayon à papier
- De la colle à paillettes
- Des plumes, des autocollants, des strass
- De l'élastique fin blanc
- 1 paire de ciseaux
- 1 perforatrice ronde

1) Sur la feuille de papier blanc, dessine le gabarit du masque. Découpe-le sans oublier d'évider les yeux.
2) Reproduis le gabarit sur une feuille de papier coloré, puis découpe-le.
3) Décore le masque à ton goût.
4) Perfore les 2 extrémités du masque. Coupe un morceau d'élastique ajusté à ta tête. Noue les extrémités aux trous précédemment percés.
5) Répéte les étapes 2 à 4 pour fabriquer d'autres masques.

⚠ **Ce tuto est à réaliser avec l'aide d'un adulte.**

Tu Préfères

Les super-pouvoirs !

- ◯ Voler **ou** ◯ Être invisible
- ◯ Te téléporter **ou** ◯ Être immortel
- ◯ Contrôler l'air **ou** ◯ Contrôler l'eau
- ◯ Lire dans les pensées **ou** ◯ Voyager dans le temps
- ◯ Te métamorphoser **ou** ◯ Être ultrarapide
- ◯ Prédire le futur **ou** ◯ Parler aux animaux
- ◯ Être le plus fort **ou** ◯ Être magicien
- ◯ Contrôler le feu **ou** ◯ Contrôler la terre
- ◯ Respirer sous l'eau **ou** ◯ Voir dans le noir

Si tu pouvais avoir trois super-pouvoirs, lesquels choisirais-tu et qu'en ferais-tu ?

....

....

....

....

....

Mon super-héros préféré, c'est ....
.... car :

et toi, c'est ....

....

....

....

....

....

....

L'école

Dessine ton maître/ta maîtresse

L'École

Dessine ton maître/ta maîtresse

Partageons un moment

ENSEMBLE

Crée des impressions végétales !

Matériel

- Des feuilles d'arbre
- Du papier journal
- Du papier brouillon
- De la gouache de différentes couleurs
- 1 petit rouleau de peinture
- 1 morceau de tissu
- 1 gros livre

1) Ramasse de jolies feuilles d'arbre, entières et pas trop grandes.
2) Fais-les sécher à plat dans du papier journal.
3) Pose une feuille sur le papier de brouillon.

4) Imprègne le rouleau de gouache et passe-le sur la feuille. La peinture doit complètement recouvrir la feuille.

5) Pose la feuille sur le tissu de sorte que le côté gouache soit sur le tissu. Place une feuille de brouillon par-dessus, puis le gros livre pour que la peinture adhère bien. Laisse sécher et enlève la feuille.

6) Répète ces étapes autant de fois que tu veux et avec les couleurs de ton choix.

Colle tes impressions végétales ici !

Partageons un moment

ENSEMBLE

Réalise une cocotte en papier !

Matériel

- 1 feuille carrée
- Des feutres de couleur
- 1 stylo

1) Plie 2 fois la feuille selon ses diagonales pour marquer les plis et déplie-la de nouveau.
2) Prends chaque extrémité et rabats-les vers le centre précédemment marqué par les plis.
3) Prends ton pliage et retourne-le pour qu'il se retrouve face contre table.

4) Rabats les 4 coins vers le centre de nouveau.

5) Plie le carré en deux, puis en quatre pour assouplir la cocotte en papier. Passe tes doigts dans les ouvertures pour ouvrir la cocotte en relevant les ailettes.

6) Dessine un rond de couleur avec les feutres sur chaque partie de la cocotte en papier, et soulève la languette pour y écrire une phrase ou une question.

Tu Préfères

Les animaux !

- Chien **ou** Chat
- Serpent **ou** Lion
- Cheval **ou** Dauphin
- Lapin **ou** Hamster
- Aigle **ou** Hibou
- Pieuvre **ou** Crocodile
- Hippopotame **ou** Requin
- Tortue **ou** Méduse
- Araignée **ou** Fourmi
- Coccinelle **ou** Abeille
- Mouche **ou** Moustique

Mon animal préféré, c'est

....

et toi, c'est .... car :

....

....

....

....

....

....

Si tu pouvais avoir un animal, ce serait

....

parce que ....

....

....

....

....

....

Partageons un moment ensemble

Crée une chorégraphie avec ton ami(e) !

1. Choisis un style de danse : rock, hip-hop, classique, jazz, contemporaine…
2. Choisis la musique sur laquelle tu veux danser.
3. Assemble des mouvements au rythme de la musique.
4. Danse !

Note ici vos pas de danse, les mouvements et leur temps.

Partageons un moment

ENSEMBLE

Réalise un tableau magique !

Matériel

- 1 bol
- 1 tasse de farine
- De l'eau
- Des colorants alimentaires
- 1 sac hermétique
- Du ruban adhésif

1) Dans le bol, mélange la farine en ajoutant de l'eau petit à petit. Tu dois obtenir une pâte assez épaisse.

2) Ajoute quelques gouttes de colorant alimentaire et verse le tout dans un sac hermétique.

3) Enlève l'air en appuyant un peu sur le sac puis ferme-le avec de l'adhésif.

4) Utilise ton doigt pour tracer des lettres ou des dessins… Si tes dessins s'effacent trop rapidement, ajoute de la farine dans le sac et remue-le.

Partageons un moment

ENSEMBLE

Colle ton empreinte de main à côté de celle de ton ami(e) !

Matériel

- 1 assiette en carton
- De la peinture
- 1 rouleau de peinture

1) Verse la peinture de ton choix dans une assiette en carton.
2) Enduis le rouleau de peinture.
3) Applique la peinture à l'intérieur de ta main à l'aide du rouleau.
4) Pose ta main délicatement dans le carnet, puis appuie bien.
5) Laisse le carnet ouvert pour que la peinture sèche.

Partageons un moment

Ensemble

Réalise ton instrument : le tambour !

Matériel

- 1 boîte de conserve vide
- 1 ballon de baudruche
- 1 paire de ciseaux
- 1 élastique

1) Prends une boîte de conserve vide et propre.
2) Coupe l'extrémité du ballon et positionne-le sur la boîte de conserve, du côté ouvert. Il faut que le ballon soit bien tendu.
3) Mets un élastique autour pour que le tout tienne.

⚠ **Ce tuto est à réaliser avec l'aide d'un adulte.**

Partageons un moment

ENSEMBLE

Relie les points ensemble et ajoute de la couleur à ce beau coloriage !

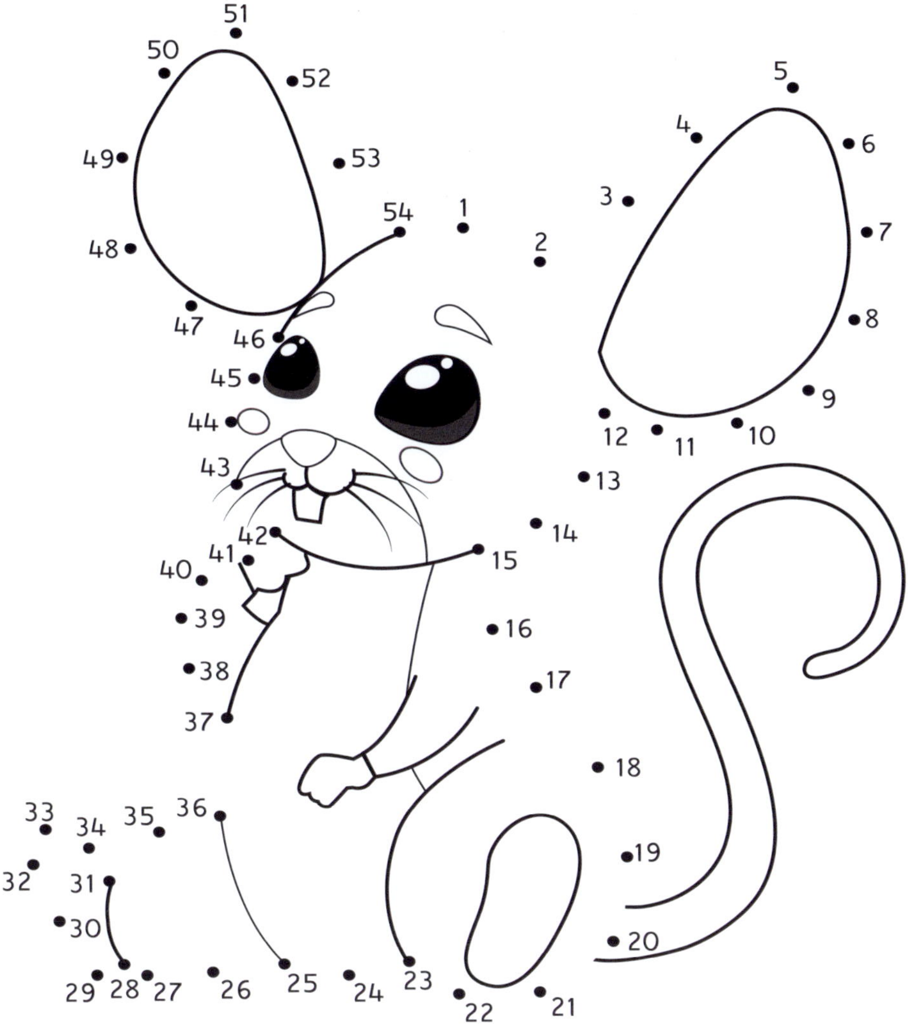
1
2
3
4
5
6
7
8
9
10
11
12
13
14
15
16
17
18
19
20
21
22
23
24
25
26
27
28
29
30
31
32
33
34
35
36
37
38
39
40
41
42
43
44
45
46
47
48
49
50
51
52
53
54

Tu Préfères

Les couleurs !

- Rouge **ou** Bleu
- Violet **ou** Rose
- Vert **ou** Bleu
- Jaune **ou** Orange
- Rouge **ou** Vert
- Rose **ou** Orange
- Marron **ou** Gris
- Noir **ou** Blanc
- Violet **ou** Vert

Ma couleur préférée, c'est

....

et toi, c'est .... car :

....

....

....

....

....

....

Décris ce que cette couleur représente pour toi :

....

....

....

....

....

....

Partageons un moment
ENSEMBLE

Le défilé de mode !

Dessine et colorie ta tenue idéale sur ces mannequins.

Partageons un moment ensemble

Le collage !

Découpe et colle les stickers (des pages 105, 107 et 109) ici pour faire un joli collage.

Ajoute des gommettes si tu en as envie !

partageons un moment

ENSEMBLE

Réalise ton magnet !

Matériel

- 1 chiffon
- De l'eau
- Des petits aimants ronds et plats
- De la colle forte

1) Nettoie correctement les billes que tu as choisies avec de l'eau et le chiffon.

2) Colle les petits aimants sur les billes avec la colle forte. Le point de contact entre la bille et l'aimant est assez grand pour que cela fonctionne

3) Maintiens appuyé quelques secondes.

⚠ **Ce tuto est à réaliser avec l'aide d'un adulte.**

partageons un moment

ensemble

Dessine ton animal préféré !

Partageons un moment

Ensemble

Dessine ton animal préféré !

Tu Préfères

La nourriture

- Pizza **ou** Burger
- Gâteau **ou** Bonbons
- Fraises **ou** Oranges
- Frites **ou** Purée
- Pâtes **ou** Riz
- Brocolis **ou** Épinards
- Pain au chocolat **ou** Croissant
- Céréales **ou** Brioche
- Barbecue **ou** Raclette
- Chips **ou** Pop-corn
- Gaufre **ou** Crêpe

Mon plat préféré, c'est

....

et toi, c'est .... car :

....

....

....

....

....

....

Si tu pouvais ouvrir un restaurant,
tu l'appellerais

....

parce que ....

....

....

....

....

....

Partageons un moment ENSEMBLE

Réalise un origami cœur !

Matériel

- Des feuilles de papier origami carrées (15 × 15 cm)

1) Marque les plis des diagonales de la feuille.
2) Plie la pointe du haut vers le centre. La pointe doit toucher l'intersection des 2 diagonales.
3) Plie la pointe du haut vers le bas.
4) Plie le côté droit vers l'axe vertical au milieu.
5) Plie le côté gauche vers l'axe vertical.

6) Retourne ton origami.

7) Plie les pointes du haut vers le pli horizontal.
Plie les pointes sur les côtés droit et gauche.

8) Retourne de nouveau ton modèle.

⚠ **Si le papier n'a qu'une face colorée, place le côté coloré dessous.**

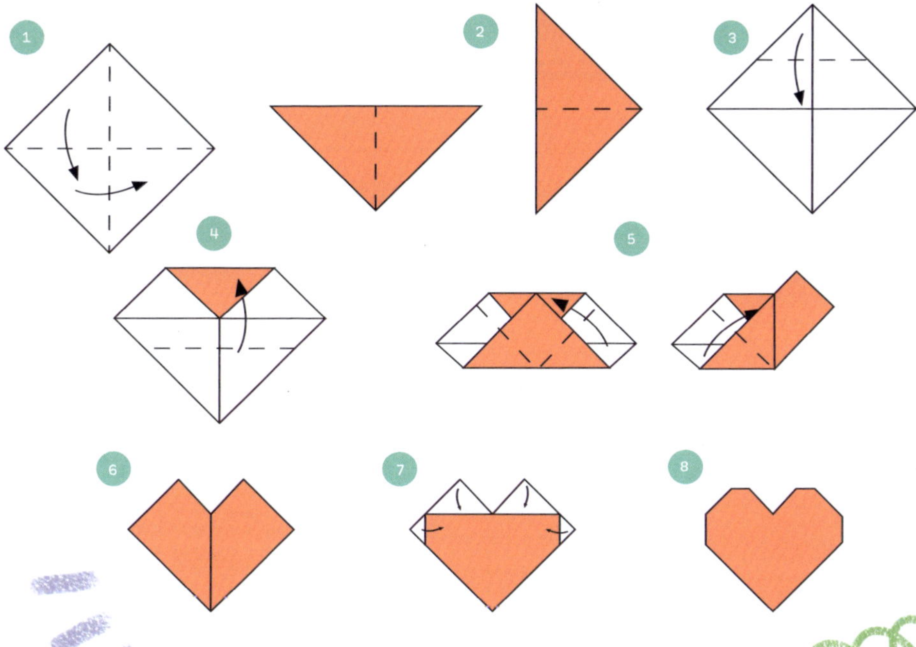

partageons un moment ENSEMBLE

Prends des gommettes et fais un joli collage pour décorer cette page.

L'ÉCOLE

Décris la sortie qui t'a le plus marqué(e) :

Dessine le meilleur moment de cette sortie :

partageons un moment

ENSEMBLE

Relie les points ensemble et ajoute de la couleur à ce beau coloriage !

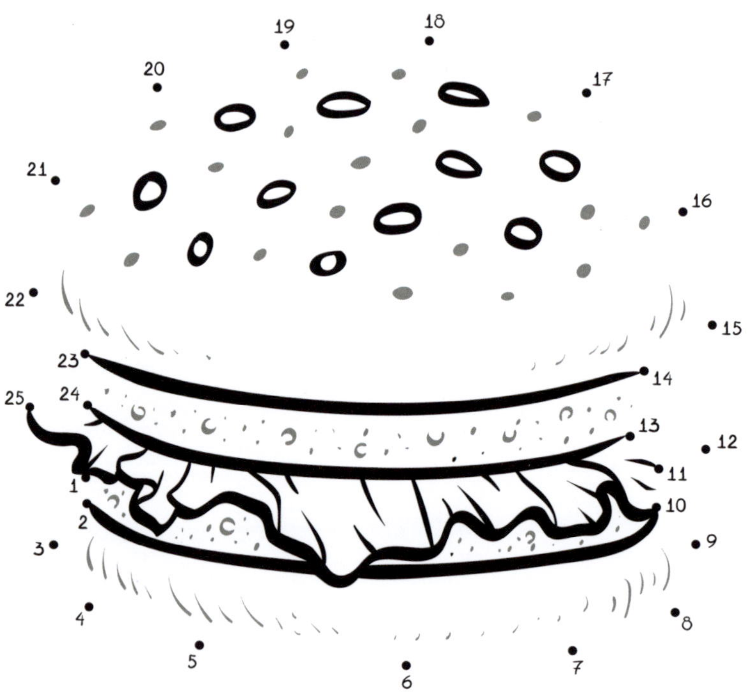

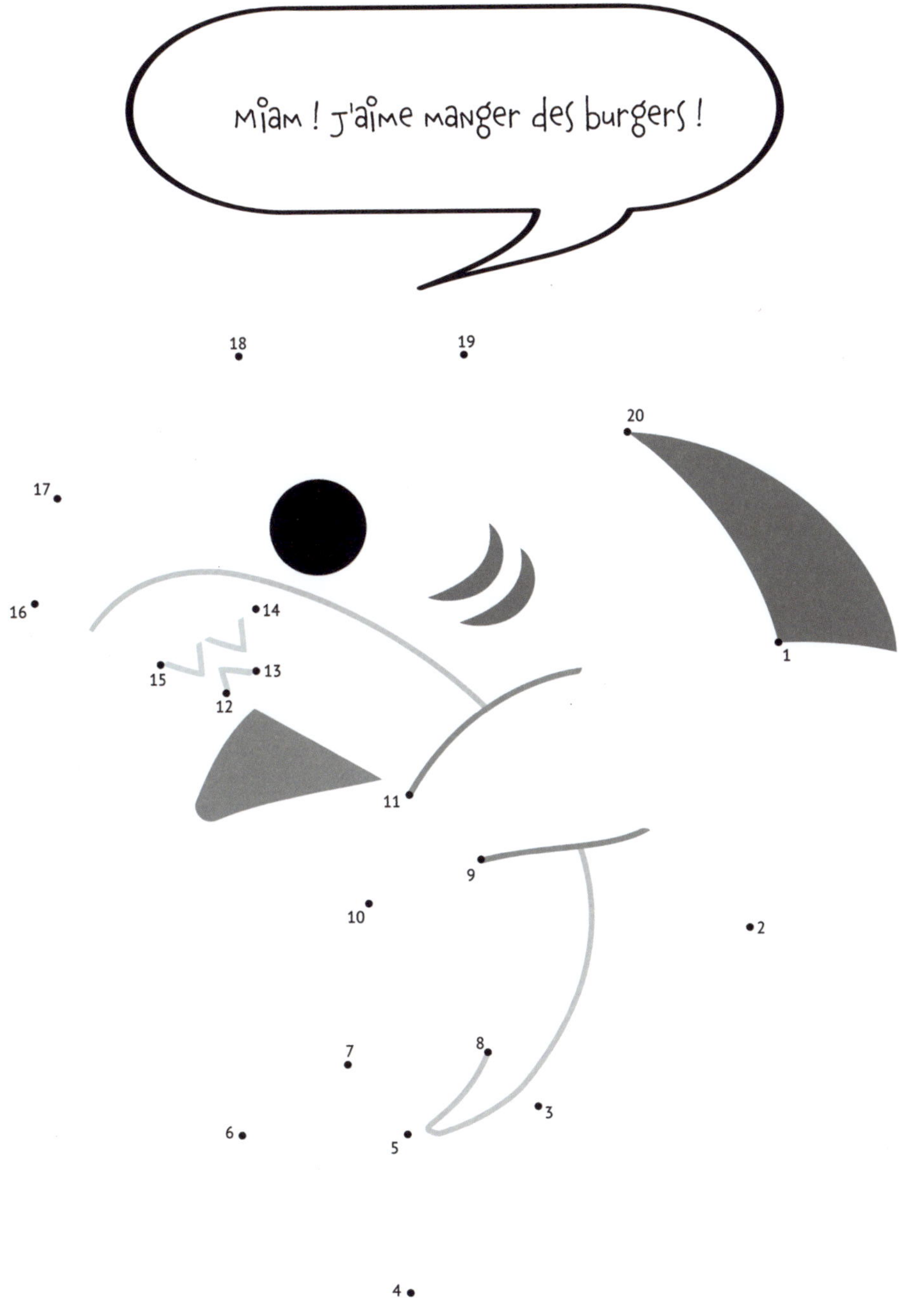
Miam ! J'aime manger des burgers !

Partageons un moment

ENSEMBLE

Dessine le véhicule de tes rêves !

partageons un moment

ENSEMBLE

Dessine le véhicule de tes rêves !

partageons un moment

ENSEMBLE

Atelier coloriage !

Matériel

- Des crayons de couleur

Approche… Plus près !
Je vais te confier un secret…

Pour ouvrir cette fenêtre, découpe les pointillés en haut et en bas pour ensuite la découper au centre. Tu peux ouvrir la fenêtre en deux !

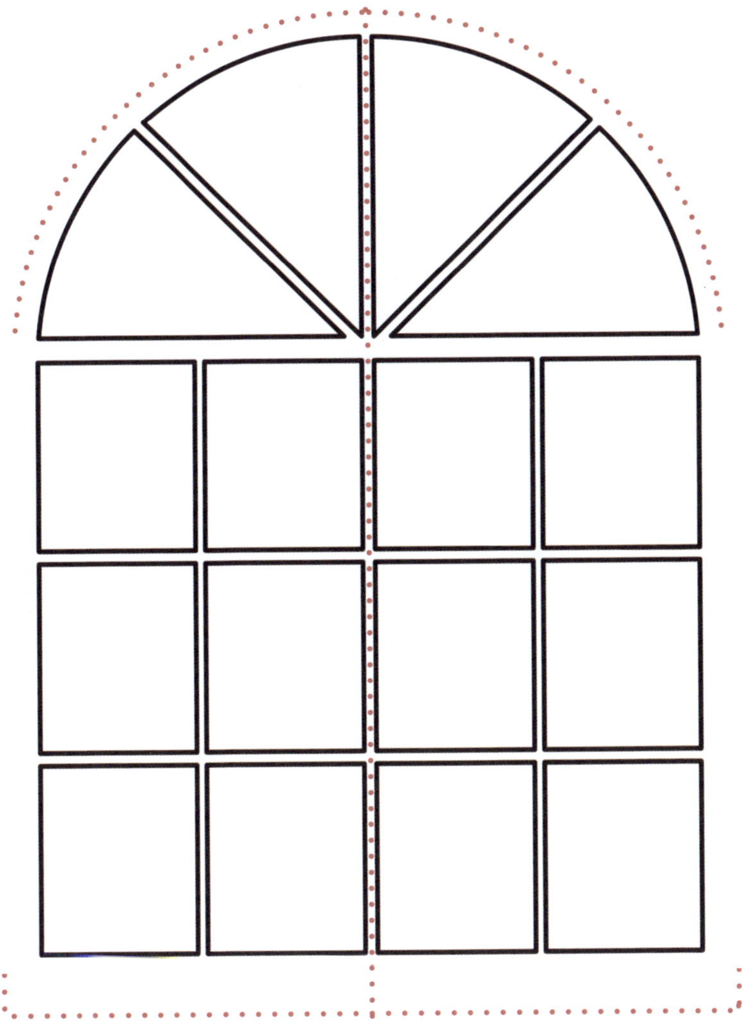

Colle la page 95 sur celle-ci pour que vos secrets soient visibles que lorsque la fenêtre de la page précédente est ouverte

Ici, échange ton secret le plus secret avec tes amis !

Tu Préfères

Les actions !

- Dormir **ou** Manger
- Travailler **ou** Jouer
- Se lever tôt **ou** Se coucher tard
- Lire **ou** Écrire
- Regarder la télé **ou** Sortir
- Écouter de la musique **ou** Chanter
- Danser **ou** Dessiner
- Se lever tard **ou** Se coucher tôt

Ma journée préférée, c'est

....

et toi, c'est .... car :

....

....

....

....

....

....

Si tu pouvais avoir une journée rien qu'à toi où est possible, tu en profiterais pour faire

....

parce que ....

....

....

....

....

....

Partageons un moment

ENSEMBLE

Atelier coloriage !

Matériel

- Des crayons de couleur

Tu Préfères

Les vacances

- ○ Mer **ou** ○ Montagne
- ○ Ville **ou** ○ Campagne
- ○ Piscine **ou** ○ Plage
- ○ Glace **ou** ○ Crêpe
- ○ Ski **ou** ○ Randonnée
- ○ Neige **ou** ○ Soleil
- ○ Musée **ou** ○ Parc aquatique
- ○ En famille **ou** ○ Entre amis
- ○ Voiture **ou** ○ Train
- ○ Casquette **ou** ○ Chapeau
- ○ Hiver **ou** ○ Été

Mes vacances préférées sont

....

et toi, c'est .... car :

....

....

....

....

....

....

Si tu pouvais choisir une destination de vacances, tu souhaiterais partir

....

avec ....

parce que ....

....

....

....

....

partageons un moment

ENSEMBLE

Réalise ta capsule à souvenirs !

Matériel

- 1 crayon à papier
- 1 feuille blanche
- 1 feuille adhésive transparente
- 1 cutter
- 1 règle
- 1 boîte en bois avec couvercle
- Du ruban adhésif
- De la peinture acrylique de 3 coloris différents
- Des pinceaux

1) Dessine le motif à losanges au crayon à papier sur la feuille blanche puis découpe-le.

2) Fixe le gabarit obtenu sous la feuille adhésive (sans retirer le film). Évide les losanges dans la feuille adhésive avec le cutter, à l'aide de la règle, pour que les bords soient bien nets.

3) Retire la protection de la feuille et colle le film adhésif sur le couvercle de la boîte.

4) Peins les losanges dans les couleurs de ton choix. Laisse sécher. Fais-le en plusieurs couches et en petite quantité, afin d'éviter que la peinture ne bave sous le gabarit.

⚠ **Ce tuto est à réaliser avec l'aide d'un adulte.**

Note ici tout ce que tu vas ranger dans ta boîte à souvenirs.

Découpe les stickers et colle-les dans ton carnet !

Découpe les stickers et colle-les dans ton carnet !

Découpe les stickers et colle-les dans ton carnet !

Note ici vos meilleures blagues !

Ci-contre, tu trouveras une enveloppe dans laquelle tu vas pouvoir ranger tous les souvenirs que tu auras partagés avec tes ami(e)s : petits mots, photos, tickets, etc. Un bon moyen de tout garder sans rien perdre !

5, rue Saint-Germain l'Auxerrois – 75001 Paris

Directeur de publication : Didier Ballot
Directrice éditoriale : Marie Roussos
Responsable éditoriale : Séverine Pedan
Éditrice : Morgane Kesteman
Correctrice : Catherine Rigal
Conception graphique et mise en pages : Léa Corbelet-Riou
Couverture : Léa Corbelet-Riou
Illustrations : © Léa Corbelet-Riou, © Shutterstock, © Istock
Suivi de fabrication : Typo'Libris

Loi n° 49-956 du 16 juillet 1949 sur les publications destinées à la jeunesse, modifiée par la loi n° 2011-525 du 17 mai 2011.

Dépôt légal : juin 2023
ISBN : 978-2-38355-377-9
Achevé d'imprimer en mai 2023 par Typo'Libris

La Clairière des LIVRES
Pour chaque titre d'un livre imprimé, un arbre est planté dans une forêt de 15 hectares en Centre Bretagne.
www.typolibris.fr (by Printcorp)